D1937350

Warum die Sonne
aus der Höhle kam

1. Auflage 2000

Satz und Druck: Jugendwerk Birkeneck

ISBN 3-86141-145-8

Warum die Sonne aus der Höhle kam

nach einem Text von Thomas Brunnhuber
mit Bildern von Schwester Caris Baur

RPA Verlag

Am Anfang war es überall dunkel.
Tief in der Dunkelheit verbarg sich
ein großes, lebendiges Herz.
Es ließ seinen Herzschlag
durch die Finsternis klingen.
Der Schlag des Herzens breitete sich langsam aus.
Er wurde hörbar – überall – früher oder später.
Einmal hörte ihn die Sonne.
Sie wohnte in ihrer Höhle
und war noch nie außerhalb gewesen.
Warum auch … es gefiel ihr dort.

Der Herzschlag machte die Sonne neugierig.
So etwas hatte sie noch nie gehört.
Woher kam wohl dieser sonderbare Klang?
Da erhob sich die Sonne zum ersten Mal.
Sie schaute ganz vorsichtig aus ihrer Höhle heraus.

Die Sonne war überrascht:
Viele Strahlen gingen von ihr aus.
Ein helles Licht durchflutete die dunkle Nacht.
Der erste Morgen brach an.
Die Sonne freute sich sehr:
„Ich kann hell machen!" dachte sie.
Auch das Herz war sehr froh.
Es ließ seinen Herzschlag hören.
Nun konnte alles seinen Anfang nehmen.

Das Licht der Sonne machte hell.
Und sichtbar wurde das Oben und das Unten.
Es gab den Himmel und das Wasser.
Beides war erfüllt vom Schlag des Herzens.
Es freute sich.
Die warmen Sonnenstrahlen berührten das Wasser.
Etwas davon verdunstete.
Das erste Land konnte erscheinen.
Darüber zogen die Wolken.
Zur Erde ließen sie ihre kostbaren Tropfen fallen.
Das Leben wird nicht mehr lange
auf sich warten lassen.

Der Schlag des großen,
lebendigen Herzens war überall zu hören.
Mit der Zeit weckte er überall das Leben auf.
Der Herzschlag erfüllte jedes Lebewesen.
Im Licht der Sonne breitete sich das Leben aus:
Oben und unten und auf jedem Teil der Erde.
Das große Herz war voller Freude.
Auch die Sonne staunte.

Im Lichtschein wurde das Leben bunt.
Die Sonne freute sich an den vielen Farben.
Auch die Farbe des Herzens leuchtete überall auf.
Rot ist die Farbe der Liebe.
„Danke, liebes Herz!"

Der Sonnenschein zog das Leben an.
Die Pflanzen streckten sich nach oben in die Höhe.
Der Urwald war riesengroß.
Es wuchsen Urwaldriesen.
So ein mächtiger Baum ist voller Kraft.
In ihm ist die Kraft des lebendigen Herzens.
Durch ihn strömt die Kraft des Wassers.
Mit ihm wächst die Kraft der Erde.
Aus ihm kommt das Grün ans Licht.
Denn die Sonne macht die Blätter grün.
Verwundert sah die Sonne das Leben an.
Das Leben pulsierte überall, wie das große Herz.
„Gott sei Dank!“

Mitunter schaute manches ein wenig sonderbar aus.
Große Echsen bevölkerten die Erde.
Ohne sie gäbe es heute nicht so viele Tierarten.
Es hat alles seinen Sinn.
Die Sonne und das große Herz
konnten alles mitverfolgen.
Es war ganz schön spannend und kaum zu glauben.
Man braucht sich bloß an den Anfang erinnern …

Schließlich wurde auch der Mensch.
Mann und Frau mussten einfach werden –
früher oder später.
Denn sie tragen in sich auch ein lebendiges Herz –
genauso lebendig wie das große Herz.
Sicherlich ist es ein Abbild davon.
Als Frau und Mann lassen die Menschen
die Farbe des Herzens sichtbar werden.
Als einzige Lebewesen können sie die
Liebe spüren und schenken.
Das freut das Herz – und auch die Sonne.
Denn Liebe wärmt und macht hell.
So kann einer für den anderen wie die Sonne strahlen.

Es wird immer wieder Abend werden.
Dann geht die Sonne in ihre Höhle zurück.
So viel Leben geben und sehen macht müde.
Die Sonne ruht sich aus – und mit ihr die ganze Welt.
Alles Leben wird eingehüllt.
Wie ein Schleier legt sich die Nacht auf den Tag.
Doch morgen wird sich die Sonne wieder
kraftvoll erheben.
Denn im Licht gibt es erstaunliche Dinge zu entdecken.
Wie wunderbar ist doch die Schöpfung.
„Gott sei Dank!“

WARUM DIE SONNE AUS DER HÖHLE KAM

„Wohin geht die Sonne in der Nacht?" will die kleine Nele wissen. Sebastian erklärt es ihr: „Die Sonne geht nirgendwo hin. Die Erde, auf der wir wohnen, ist nämlich eine riesengroße Kugel und dreht sich wie ein Ball. Und zur Nacht hin dreht sie sich so, dass es so aussieht, als wenn die Sonne hinter der Wiese versinkt. In Wirklichkeit aber scheint sie auf die andere Seite des Erdballs. Da ist es dann Tag und hell, und bei uns ist es dunkle Nacht."
„So'n Quatsch!" denkt Nele. „Weiß doch jeder, dass die Sonne sich nachts irgendwo hinter der Wiese eine Höhle sucht. Von da aus fließt ihr warmes Licht dann in alle unterirdischen Höhlen, Gänge und Tunnel auf der ganzen Welt. Sonst würden die armen Regenwürmer, Mäuse und Maulwürfe doch frieren unter der Erde!"

Kinder denken naiv, wie wir Erwachsene manchmal sagen. Doch gerade diese Naivität erlaubt eine einfache, herrlich erfrischende Sichtweise der Weltdinge: Damit es Tag werden kann, kommt die Sonne aus der Höhle heraus. Am Abend kehrt sie wieder dorthin zurück.
In der Heiligen Schrift begegnet uns – nebenbei bemerkt – ein ähnliches Motiv, wenn es da heißt: „Doch ihre Botschaft geht in die ganze Welt hinaus, ihre Kunde bis zu den Enden der Erde. DORT HAT ER DER SONNE EIN ZELT GEBAUT. SIE TRITT AUS IHREM GEMACH HERVOR wie ein Bräutigam; sie frohlockt wie ein Held und läuft ihre Bahn." (Ps 19, 5 f.)
Natürlich liegt für ein Nomadenvolk, wie Israel es früher war, die Vorstellung eines Zeltes näher als die einer Höhle.

Doch zurück zu unserer Höhle und der darin befindlichen Sonne! Wenn wir nach dem Anfang dieser „Hinaus- und Hineinbewegung" fragen, wird die ganze Sache erst so richtig interessant: Wie kam die Sonne überhaupt in die Höhle? Wurde sie darin geboren? Wann kam die Sonne zum ersten

Mal aus der Höhle und warum tat sie das? Was geschah, als die Sonne zum ersten Mal „das Licht der Welt" erblickte?

Ein japanischer Schöpfungsmythos gab den Stoff für unsere Geschichte.
Der Ursprungstext lautet:

MYTHOS
Am Anfang herrschte das Dunkel. Amaterasu, die Göttin der Sonne, thronte noch nicht am Himmel. Sie lebte in einer Höhle. Die Welt war kalt und unwirtlich und ohne Leben. Da nahm Gott sechs riesige Bögen, band sie zusammen und schuf auf diese Weise die erste Harfe. Auf ihr spielte er wunderschöne Melodien. Von ihnen angelockt, erschien die reizende Nymphe Ameno-Uzume. Hingerissen von der Harfenmusik, begann sie zu tanzen – und schließlich auch zu singen. Die Sonnengöttin Amaterasu wollte die Musik, die von ferne zu ihr drang, besser vernehmen. Deshalb schaute sie aus ihrer Höhle hervor, und im gleichen Moment erstrahlte die Welt im Licht. Die Sonne wurde sichtbar und spürbar – und Blumen und Pflanzen und Bäume begannen zu wachsen. Und Fische und Vögel, Tiere und Menschen betraten die vom Licht erfüllte Erde. Die Götter aber beschlossen, fortan Gesang und Tanz zu pflegen, damit die Sonnengöttin nie mehr in ihre Höhle zurückkehre, denn sie wussten: Es war zwar die Sonne, durch die das Leben begonnen hatte, aber ohne die Harfenmusik der sechs großen Bögen und ohne den Gesang der Nymphe Ameno-Uzume hätte sich Amaterasu, die Göttin der Sonne, nie auf ihrem himmlischen Thron niedergelassen. Sie wäre ewig in ihrer Höhle geblieben. Und also war es der Klang, waren es Musik und Tanz, mit denen die Welt begann.

Noch hat sich die Sonne versteckt

T.u.M.: Thomas Brunnhuber

Hör doch den Schlag des Lebens

T.u.M.: Thomas Brunnhuber

Wach auf mein Herz

T.u.M.: Horst Weber

Quelle: Der Zündschlüssel, Fidula Verlag Boppard/Rein und Salzburg

Die Sonne ist nicht mehr versteckt

T.u.M.: Thomas Brunnhuber